Agenda delle password

Agende pratiche

CreateSpace, Charleston SC

A

Nome	Data
Indirizzo web	
Username/login	
Password	PIN
Domande di sicurezza/note	

Nome	Data
Indirizzo web	
Username/login	
Password	PIN
Domande di sicurezza/note	

Nome	Data
Indirizzo web	
Username/login	
Password	PIN
Domande di sicurezza/note	

Nome	Data
Indirizzo web	
Username/login	
Password	PIN
Domande di sicurezza/note	

Nome	Data
Indirizzo web	
Username/login	
Password	PIN
Domande di sicurezza/note	

Nome	Data
Indirizzo web	
Username/login	
Password	PIN
Domande di sicurezza/note	

A

Nome	Data
Indirizzo web	
Username/login	
Password	PIN
Domande di sicurezza/note	

Nome	Data
Indirizzo web	
Username/login	
Password	PIN
Domande di sicurezza/note	

Nome	Data
Indirizzo web	
Username/login	
Password	PIN
Domande di sicurezza/note	

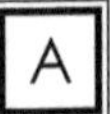

Nome	Data
Indirizzo web	
Username/login	
Password	PIN
Domande di sicurezza/note	

Nome	Data
Indirizzo web	
Username/login	
Password	PIN
Domande di sicurezza/note	

Nome	Data
Indirizzo web	
Username/login	
Password	PIN
Domande di sicurezza/note	

B

Nome	Data
Indirizzo web	
Username/login	
Password	PIN
Domande di sicurezza/note	

Nome	Data
Indirizzo web	
Username/login	
Password	PIN
Domande di sicurezza/note	

Nome	Data
Indirizzo web	
Username/login	
Password	PIN
Domande di sicurezza/note	

B

Nome	Data
Indirizzo web	
Username/login	
Password	PIN
Domande di sicurezza/note	

Nome	Data
Indirizzo web	
Username/login	
Password	PIN
Domande di sicurezza/note	

Nome	Data
Indirizzo web	
Username/login	
Password	PIN
Domande di sicurezza/note	

B

Nome	Data
Indirizzo web	
Username/login	
Password	PIN
Domande di sicurezza/note	

Nome	Data
Indirizzo web	
Username/login	
Password	PIN
Domande di sicurezza/note	

Nome	Data
Indirizzo web	
Username/login	
Password	PIN
Domande di sicurezza/note	

B

Nome	Data
Indirizzo web	
Username/login	
Password	PIN
Domande di sicurezza/note	

Nome	Data
Indirizzo web	
Username/login	
Password	PIN
Domande di sicurezza/note	

Nome	Data
Indirizzo web	
Username/login	
Password	PIN
Domande di sicurezza/note	

C

Nome	Data
Indirizzo web	
Username/login	
Password	PIN
Domande di sicurezza/note	

Nome	Data
Indirizzo web	
Username/login	
Password	PIN
Domande di sicurezza/note	

Nome	Data
Indirizzo web	
Username/login	
Password	PIN
Domande di sicurezza/note	

Nome	Data
Indirizzo web	
Username/login	
Password	PIN
Domande di sicurezza/note	

Nome	Data
Indirizzo web	
Username/login	
Password	PIN
Domande di sicurezza/note	

Nome	Data
Indirizzo web	
Username/login	
Password	PIN
Domande di sicurezza/note	

C

Nome	Data
Indirizzo web	
Username/login	
Password	PIN
Domande di sicurezza/note	

Nome	Data
Indirizzo web	
Username/login	
Password	PIN
Domande di sicurezza/note	

Nome	Data
Indirizzo web	
Username/login	
Password	PIN
Domande di sicurezza/note	

Nome	Data
Indirizzo web	
Username/login	
Password	PIN
Domande di sicurezza/note	

Nome	Data
Indirizzo web	
Username/login	
Password	PIN
Domande di sicurezza/note	

Nome	Data
Indirizzo web	
Username/login	
Password	PIN
Domande di sicurezza/note	

D

Nome	Data
Indirizzo web	
Username/login	
Password	PIN
Domande di sicurezza/note	

Nome	Data
Indirizzo web	
Username/login	
Password	PIN
Domande di sicurezza/note	

Nome	Data
Indirizzo web	
Username/login	
Password	PIN
Domande di sicurezza/note	

Nome	Data
Indirizzo web	
Username/login	
Password	PIN
Domande di sicurezza/note	

Nome	Data
Indirizzo web	
Username/login	
Password	PIN
Domande di sicurezza/note	

Nome	Data
Indirizzo web	
Username/login	
Password	PIN
Domande di sicurezza/note	

D

Nome	Data
Indirizzo web	
Username/login	
Password	PIN
Domande di sicurezza/note	

Nome	Data
Indirizzo web	
Username/login	
Password	PIN
Domande di sicurezza/note	

Nome	Data
Indirizzo web	
Username/login	
Password	PIN
Domande di sicurezza/note	

Nome	Data
Indirizzo web	
Username/login	
Password	PIN
Domande di sicurezza/note	

Nome	Data
Indirizzo web	
Username/login	
Password	PIN
Domande di sicurezza/note	

Nome	Data
Indirizzo web	
Username/login	
Password	PIN
Domande di sicurezza/note	

E

Nome	Data
Indirizzo web	
Username/login	
Password	PIN
Domande di sicurezza/note	

Nome	Data
Indirizzo web	
Username/login	
Password	PIN
Domande di sicurezza/note	

Nome	Data
Indirizzo web	
Username/login	
Password	PIN
Domande di sicurezza/note	

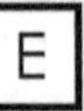

Nome	Data
Indirizzo web	
Username/login	
Password	PIN
Domande di sicurezza/note	

Nome	Data
Indirizzo web	
Username/login	
Password	PIN
Domande di sicurezza/note	

Nome	Data
Indirizzo web	
Username/login	
Password	PIN
Domande di sicurezza/note	

E

Nome	Data
Indirizzo web	
Username/login	
Password	PIN
Domande di sicurezza/note	

Nome	Data
Indirizzo web	
Username/login	
Password	PIN
Domande di sicurezza/note	

Nome	Data
Indirizzo web	
Username/login	
Password	PIN
Domande di sicurezza/note	

E

Nome	Data
Indirizzo web	
Username/login	
Password	PIN
Domande di sicurezza/note	

Nome	Data
Indirizzo web	
Username/login	
Password	PIN
Domande di sicurezza/note	

Nome	Data
Indirizzo web	
Username/login	
Password	PIN
Domande di sicurezza/note	

F

Nome	Data
Indirizzo web	
Username/login	
Password	PIN
Domande di sicurezza/note	

Nome	Data
Indirizzo web	
Username/login	
Password	PIN
Domande di sicurezza/note	

Nome	Data
Indirizzo web	
Username/login	
Password	PIN
Domande di sicurezza/note	

F

Nome	Data
Indirizzo web	
Username/login	
Password	PIN
Domande di sicurezza/note	

Nome	Data
Indirizzo web	
Username/login	
Password	PIN
Domande di sicurezza/note	

Nome	Data
Indirizzo web	
Username/login	
Password	PIN
Domande di sicurezza/note	

F

Nome	Data
Indirizzo web	
Username/login	
Password	PIN
Domande di sicurezza/note	

Nome	Data
Indirizzo web	
Username/login	
Password	PIN
Domande di sicurezza/note	

Nome	Data
Indirizzo web	
Username/login	
Password	PIN
Domande di sicurezza/note	

F

Nome	Data
Indirizzo web	
Username/login	
Password	PIN
Domande di sicurezza/note	

Nome	Data
Indirizzo web	
Username/login	
Password	PIN
Domande di sicurezza/note	

Nome	Data
Indirizzo web	
Username/login	
Password	PIN
Domande di sicurezza/note	

G

Nome	Data
Indirizzo web	
Username/login	
Password	PIN
Domande di sicurezza/note	

Nome	Data
Indirizzo web	
Username/login	
Password	PIN
Domande di sicurezza/note	

Nome	Data
Indirizzo web	
Username/login	
Password	PIN
Domande di sicurezza/note	

Nome	Data
Indirizzo web	
Username/login	
Password	PIN
Domande di sicurezza/note	

Nome	Data
Indirizzo web	
Username/login	
Password	PIN
Domande di sicurezza/note	

Nome	Data
Indirizzo web	
Username/login	
Password	PIN
Domande di sicurezza/note	

G

Nome	Data
Indirizzo web	
Username/login	
Password	PIN
Domande di sicurezza/note	

Nome	Data
Indirizzo web	
Username/login	
Password	PIN
Domande di sicurezza/note	

Nome	Data
Indirizzo web	
Username/login	
Password	PIN
Domande di sicurezza/note	

Nome	Data
Indirizzo web	
Username/login	
Password	PIN
Domande di sicurezza/note	

Nome	Data
Indirizzo web	
Username/login	
Password	PIN
Domande di sicurezza/note	

Nome	Data
Indirizzo web	
Username/login	
Password	PIN
Domande di sicurezza/note	

H

Nome	Data
Indirizzo web	
Username/login	
Password	PIN
Domande di sicurezza/note	

Nome	Data
Indirizzo web	
Username/login	
Password	PIN
Domande di sicurezza/note	

Nome	Data
Indirizzo web	
Username/login	
Password	PIN
Domande di sicurezza/note	

Nome	Data
Indirizzo web	
Username/login	
Password	PIN
Domande di sicurezza/note	

Nome	Data
Indirizzo web	
Username/login	
Password	PIN
Domande di sicurezza/note	

Nome	Data
Indirizzo web	
Username/login	
Password	PIN
Domande di sicurezza/note	

H

Nome	Data
Indirizzo web	
Username/login	
Password	PIN
Domande di sicurezza/note	

Nome	Data
Indirizzo web	
Username/login	
Password	PIN
Domande di sicurezza/note	

Nome	Data
Indirizzo web	
Username/login	
Password	PIN
Domande di sicurezza/note	

Nome	Data
Indirizzo web	
Username/login	
Password	PIN
Domande di sicurezza/note	

Nome	Data
Indirizzo web	
Username/login	
Password	PIN
Domande di sicurezza/note	

Nome	Data
Indirizzo web	
Username/login	
Password	PIN
Domande di sicurezza/note	

Nome	Data
Indirizzo web	
Username/login	
Password	PIN
Domande di sicurezza/note	

Nome	Data
Indirizzo web	
Username/login	
Password	PIN
Domande di sicurezza/note	

Nome	Data
Indirizzo web	
Username/login	
Password	PIN
Domande di sicurezza/note	

I

Nome	Data
Indirizzo web	
Username/login	
Password	PIN
Domande di sicurezza/note	

Nome	Data
Indirizzo web	
Username/login	
Password	PIN
Domande di sicurezza/note	

Nome	Data
Indirizzo web	
Username/login	
Password	PIN
Domande di sicurezza/note	

Nome	Data
Indirizzo web	
Username/login	
Password	PIN
Domande di sicurezza/note	

Nome	Data
Indirizzo web	
Username/login	
Password	PIN
Domande di sicurezza/note	

Nome	Data
Indirizzo web	
Username/login	
Password	PIN
Domande di sicurezza/note	

I

Nome	Data
Indirizzo web	
Username/login	
Password	PIN
Domande di sicurezza/note	

Nome	Data
Indirizzo web	
Username/login	
Password	PIN
Domande di sicurezza/note	

Nome	Data
Indirizzo web	
Username/login	
Password	PIN
Domande di sicurezza/note	

J

Nome	Data
Indirizzo web	
Username/login	
Password	PIN
Domande di sicurezza/note	

Nome	Data
Indirizzo web	
Username/login	
Password	PIN
Domande di sicurezza/note	

Nome	Data
Indirizzo web	
Username/login	
Password	PIN
Domande di sicurezza/note	

J

Nome	Data
Indirizzo web	
Username/login	
Password	PIN
Domande di sicurezza/note	

Nome	Data
Indirizzo web	
Username/login	
Password	PIN
Domande di sicurezza/note	

Nome	Data
Indirizzo web	
Username/login	
Password	PIN
Domande di sicurezza/note	

J

Nome	Data
Indirizzo web	
Username/login	
Password	PIN
Domande di sicurezza/note	

Nome	Data
Indirizzo web	
Username/login	
Password	PIN
Domande di sicurezza/note	

Nome	Data
Indirizzo web	
Username/login	
Password	PIN
Domande di sicurezza/note	

Nome	Data
Indirizzo web	
Username/login	
Password	PIN
Domande di sicurezza/note	

Nome	Data
Indirizzo web	
Username/login	
Password	PIN
Domande di sicurezza/note	

Nome	Data
Indirizzo web	
Username/login	
Password	PIN
Domande di sicurezza/note	

K

Nome	Data
Indirizzo web	
Username/login	
Password	PIN
Domande di sicurezza/note	

Nome	Data
Indirizzo web	
Username/login	
Password	PIN
Domande di sicurezza/note	

Nome	Data
Indirizzo web	
Username/login	
Password	PIN
Domande di sicurezza/note	

Nome	Data
Indirizzo web	
Username/login	
Password	PIN
Domande di sicurezza/note	

Nome	Data
Indirizzo web	
Username/login	
Password	PIN
Domande di sicurezza/note	

Nome	Data
Indirizzo web	
Username/login	
Password	PIN
Domande di sicurezza/note	

K

Nome	Data
Indirizzo web	
Username/login	
Password	PIN
Domande di sicurezza/note	

Nome	Data
Indirizzo web	
Username/login	
Password	PIN
Domande di sicurezza/note	

Nome	Data
Indirizzo web	
Username/login	
Password	PIN
Domande di sicurezza/note	

Nome	Data
Indirizzo web	
Username/login	
Password	PIN
Domande di sicurezza/note	

Nome	Data
Indirizzo web	
Username/login	
Password	PIN
Domande di sicurezza/note	

Nome	Data
Indirizzo web	
Username/login	
Password	PIN
Domande di sicurezza/note	

L

Nome	Data
Indirizzo web	
Username/login	
Password	PIN
Domande di sicurezza/note	

Nome	Data
Indirizzo web	
Username/login	
Password	PIN
Domande di sicurezza/note	

Nome	Data
Indirizzo web	
Username/login	
Password	PIN
Domande di sicurezza/note	

Nome	Data
Indirizzo web	
Username/login	
Password	PIN
Domande di sicurezza/note	

Nome	Data
Indirizzo web	
Username/login	
Password	PIN
Domande di sicurezza/note	

Nome	Data
Indirizzo web	
Username/login	
Password	PIN
Domande di sicurezza/note	

L

Nome	Data
Indirizzo web	
Username/login	
Password	PIN
Domande di sicurezza/note	

Nome	Data
Indirizzo web	
Username/login	
Password	PIN
Domande di sicurezza/note	

Nome	Data
Indirizzo web	
Username/login	
Password	PIN
Domande di sicurezza/note	

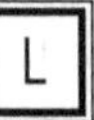

Nome	Data
Indirizzo web	
Username/login	
Password	PIN
Domande di sicurezza/note	

Nome	Data
Indirizzo web	
Username/login	
Password	PIN
Domande di sicurezza/note	

Nome	Data
Indirizzo web	
Username/login	
Password	PIN
Domande di sicurezza/note	

Nome	Data
Indirizzo web	
Username/login	
Password	PIN
Domande di sicurezza/note	

Nome	Data
Indirizzo web	
Username/login	
Password	PIN
Domande di sicurezza/note	

Nome	Data
Indirizzo web	
Username/login	
Password	PIN
Domande di sicurezza/note	

Nome	Data
Indirizzo web	
Username/login	
Password	PIN
Domande di sicurezza/note	

Nome	Data
Indirizzo web	
Username/login	
Password	PIN
Domande di sicurezza/note	

Nome	Data
Indirizzo web	
Username/login	
Password	PIN
Domande di sicurezza/note	

M

Nome	Data
Indirizzo web	
Username/login	
Password	PIN
Domande di sicurezza/note	

Nome	Data
Indirizzo web	
Username/login	
Password	PIN
Domande di sicurezza/note	

Nome	Data
Indirizzo web	
Username/login	
Password	PIN
Domande di sicurezza/note	

Nome	Data
Indirizzo web	
Username/login	
Password	PIN
Domande di sicurezza/note	

Nome	Data
Indirizzo web	
Username/login	
Password	PIN
Domande di sicurezza/note	

Nome	Data
Indirizzo web	
Username/login	
Password	PIN
Domande di sicurezza/note	

N

Nome	Data
Indirizzo web	
Username/login	
Password	PIN
Domande di sicurezza/note	

Nome	Data
Indirizzo web	
Username/login	
Password	PIN
Domande di sicurezza/note	

Nome	Data
Indirizzo web	
Username/login	
Password	PIN
Domande di sicurezza/note	

Nome	Data
Indirizzo web	
Username/login	
Password	PIN
Domande di sicurezza/note	

Nome	Data
Indirizzo web	
Username/login	
Password	PIN
Domande di sicurezza/note	

Nome	Data
Indirizzo web	
Username/login	
Password	PIN
Domande di sicurezza/note	

N

Nome	Data
Indirizzo web	
Username/login	
Password	PIN
Domande di sicurezza/note	

Nome	Data
Indirizzo web	
Username/login	
Password	PIN
Domande di sicurezza/note	

Nome	Data
Indirizzo web	
Username/login	
Password	PIN
Domande di sicurezza/note	

Nome	Data
Indirizzo web	
Username/login	
Password	PIN
Domande di sicurezza/note	

Nome	Data
Indirizzo web	
Username/login	
Password	PIN
Domande di sicurezza/note	

Nome	Data
Indirizzo web	
Username/login	
Password	PIN
Domande di sicurezza/note	

O

Nome	Data
Indirizzo web	
Username/login	
Password	PIN
Domande di sicurezza/note	

Nome	Data
Indirizzo web	
Username/login	
Password	PIN
Domande di sicurezza/note	

Nome	Data
Indirizzo web	
Username/login	
Password	PIN
Domande di sicurezza/note	

Nome	Data
Indirizzo web	
Username/login	
Password	PIN
Domande di sicurezza/note	

Nome	Data
Indirizzo web	
Username/login	
Password	PIN
Domande di sicurezza/note	

Nome	Data
Indirizzo web	
Username/login	
Password	PIN
Domande di sicurezza/note	

O

Nome	Data
Indirizzo web	
Username/login	
Password	PIN
Domande di sicurezza/note	

Nome	Data
Indirizzo web	
Username/login	
Password	PIN
Domande di sicurezza/note	

Nome	Data
Indirizzo web	
Username/login	
Password	PIN
Domande di sicurezza/note	

O

Nome	Data
Indirizzo web	
Username/login	
Password	PIN
Domande di sicurezza/note	

Nome	Data
Indirizzo web	
Username/login	
Password	PIN
Domande di sicurezza/note	

Nome	Data
Indirizzo web	
Username/login	
Password	PIN
Domande di sicurezza/note	

P

Nome	Data
Indirizzo web	
Username/login	
Password	PIN
Domande di sicurezza/note	

Nome	Data
Indirizzo web	
Username/login	
Password	PIN
Domande di sicurezza/note	

Nome	Data
Indirizzo web	
Username/login	
Password	PIN
Domande di sicurezza/note	

Nome	Data
Indirizzo web	
Username/login	
Password	PIN
Domande di sicurezza/note	

Nome	Data
Indirizzo web	
Username/login	
Password	PIN
Domande di sicurezza/note	

Nome	Data
Indirizzo web	
Username/login	
Password	PIN
Domande di sicurezza/note	

P

Nome	Data
Indirizzo web	
Username/login	
Password	PIN
Domande di sicurezza/note	

Nome	Data
Indirizzo web	
Username/login	
Password	PIN
Domande di sicurezza/note	

Nome	Data
Indirizzo web	
Username/login	
Password	PIN
Domande di sicurezza/note	

P

Nome	Data
Indirizzo web	
Username/login	
Password	PIN
Domande di sicurezza/note	

Nome	Data
Indirizzo web	
Username/login	
Password	PIN
Domande di sicurezza/note	

Nome	Data
Indirizzo web	
Username/login	
Password	PIN
Domande di sicurezza/note	

Q

Nome	Data
Indirizzo web	
Username/login	
Password	PIN
Domande di sicurezza/note	

Nome	Data
Indirizzo web	
Username/login	
Password	PIN
Domande di sicurezza/note	

Nome	Data
Indirizzo web	
Username/login	
Password	PIN
Domande di sicurezza/note	

Nome	Data
Indirizzo web	
Username/login	
Password	PIN
Domande di sicurezza/note	

Nome	Data
Indirizzo web	
Username/login	
Password	PIN
Domande di sicurezza/note	

Nome	Data
Indirizzo web	
Username/login	
Password	PIN
Domande di sicurezza/note	

Q

Nome	Data
Indirizzo web	
Username/login	
Password	PIN
Domande di sicurezza/note	

Nome	Data
Indirizzo web	
Username/login	
Password	PIN
Domande di sicurezza/note	

Nome	Data
Indirizzo web	
Username/login	
Password	PIN
Domande di sicurezza/note	

Nome	Data
Indirizzo web	
Username/login	
Password	PIN
Domande di sicurezza/note	

Nome	Data
Indirizzo web	
Username/login	
Password	PIN
Domande di sicurezza/note	

Nome	Data
Indirizzo web	
Username/login	
Password	PIN
Domande di sicurezza/note	

R

Nome	Data
Indirizzo web	
Username/login	
Password	PIN
Domande di sicurezza/note	

Nome	Data
Indirizzo web	
Username/login	
Password	PIN
Domande di sicurezza/note	

Nome	Data
Indirizzo web	
Username/login	
Password	PIN
Domande di sicurezza/note	

Nome	Data
Indirizzo web	
Username/login	
Password	PIN
Domande di sicurezza/note	

Nome	Data
Indirizzo web	
Username/login	
Password	PIN
Domande di sicurezza/note	

Nome	Data
Indirizzo web	
Username/login	
Password	PIN
Domande di sicurezza/note	

R

Nome	Data
Indirizzo web	
Username/login	
Password	PIN
Domande di sicurezza/note	

Nome	Data
Indirizzo web	
Username/login	
Password	PIN
Domande di sicurezza/note	

Nome	Data
Indirizzo web	
Username/login	
Password	PIN
Domande di sicurezza/note	

Nome	Data
Indirizzo web	
Username/login	
Password	PIN
Domande di sicurezza/note	

Nome	Data
Indirizzo web	
Username/login	
Password	PIN
Domande di sicurezza/note	

Nome	Data
Indirizzo web	
Username/login	
Password	PIN
Domande di sicurezza/note	

S

Nome	Data
Indirizzo web	
Username/login	
Password	PIN
Domande di sicurezza/note	

Nome	Data
Indirizzo web	
Username/login	
Password	PIN
Domande di sicurezza/note	

Nome	Data
Indirizzo web	
Username/login	
Password	PIN
Domande di sicurezza/note	

S

Nome	Data
Indirizzo web	
Username/login	
Password	PIN
Domande di sicurezza/note	

Nome	Data
Indirizzo web	
Username/login	
Password	PIN
Domande di sicurezza/note	

Nome	Data
Indirizzo web	
Username/login	
Password	PIN
Domande di sicurezza/note	

Nome	Data
Indirizzo web	
Username/login	
Password	PIN
Domande di sicurezza/note	

Nome	Data
Indirizzo web	
Username/login	
Password	PIN
Domande di sicurezza/note	

Nome	Data
Indirizzo web	
Username/login	
Password	PIN
Domande di sicurezza/note	

S

Nome	Data
Indirizzo web	
Username/login	
Password	PIN
Domande di sicurezza/note	

Nome	Data
Indirizzo web	
Username/login	
Password	PIN
Domande di sicurezza/note	

Nome	Data
Indirizzo web	
Username/login	
Password	PIN
Domande di sicurezza/note	

T

Nome	Data
Indirizzo web	
Username/login	
Password	PIN
Domande di sicurezza/note	

Nome	Data
Indirizzo web	
Username/login	
Password	PIN
Domande di sicurezza/note	

Nome	Data
Indirizzo web	
Username/login	
Password	PIN
Domande di sicurezza/note	

T

Nome	Data
Indirizzo web	
Username/login	
Password	PIN
Domande di sicurezza/note	

Nome	Data
Indirizzo web	
Username/login	
Password	PIN
Domande di sicurezza/note	

Nome	Data
Indirizzo web	
Username/login	
Password	PIN
Domande di sicurezza/note	

T

Nome	Data
Indirizzo web	
Username/login	
Password	PIN
Domande di sicurezza/note	

Nome	Data
Indirizzo web	
Username/login	
Password	PIN
Domande di sicurezza/note	

Nome	Data
Indirizzo web	
Username/login	
Password	PIN
Domande di sicurezza/note	

T

Nome	Data
Indirizzo web	
Username/login	
Password	PIN
Domande di sicurezza/note	

Nome	Data
Indirizzo web	
Username/login	
Password	PIN
Domande di sicurezza/note	

Nome	Data
Indirizzo web	
Username/login	
Password	PIN
Domande di sicurezza/note	

Nome	Data
Indirizzo web	
Username/login	
Password	PIN
Domande di sicurezza/note	

Nome	Data
Indirizzo web	
Username/login	
Password	PIN
Domande di sicurezza/note	

Nome	Data
Indirizzo web	
Username/login	
Password	PIN
Domande di sicurezza/note	

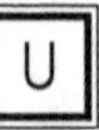
U

Nome	Data
Indirizzo web	
Username/login	
Password	PIN
Domande di sicurezza/note	

Nome	Data
Indirizzo web	
Username/login	
Password	PIN
Domande di sicurezza/note	

Nome	Data
Indirizzo web	
Username/login	
Password	PIN
Domande di sicurezza/note	

U

Nome	Data
Indirizzo web	
Username/login	
Password	PIN
Domande di sicurezza/note	

Nome	Data
Indirizzo web	
Username/login	
Password	PIN
Domande di sicurezza/note	

Nome	Data
Indirizzo web	
Username/login	
Password	PIN
Domande di sicurezza/note	

Nome	Data
Indirizzo web	
Username/login	
Password	PIN
Domande di sicurezza/note	

Nome	Data
Indirizzo web	
Username/login	
Password	PIN
Domande di sicurezza/note	

Nome	Data
Indirizzo web	
Username/login	
Password	PIN
Domande di sicurezza/note	

Nome	Data
Indirizzo web	
Username/login	
Password	PIN
Domande di sicurezza/note	

Nome	Data
Indirizzo web	
Username/login	
Password	PIN
Domande di sicurezza/note	

Nome	Data
Indirizzo web	
Username/login	
Password	PIN
Domande di sicurezza/note	

Nome	Data
Indirizzo web	
Username/login	
Password	PIN
Domande di sicurezza/note	

Nome	Data
Indirizzo web	
Username/login	
Password	PIN
Domande di sicurezza/note	

Nome	Data
Indirizzo web	
Username/login	
Password	PIN
Domande di sicurezza/note	

Nome	Data
Indirizzo web	
Username/login	
Password	PIN
Domande di sicurezza/note	

Nome	Data
Indirizzo web	
Username/login	
Password	PIN
Domande di sicurezza/note	

Nome	Data
Indirizzo web	
Username/login	
Password	PIN
Domande di sicurezza/note	

Nome	Data
Indirizzo web	
Username/login	
Password	PIN
Domande di sicurezza/note	

Nome	Data
Indirizzo web	
Username/login	
Password	PIN
Domande di sicurezza/note	

Nome	Data
Indirizzo web	
Username/login	
Password	PIN
Domande di sicurezza/note	

W

Nome	Data
Indirizzo web	
Username/login	
Password	PIN
Domande di sicurezza/note	

Nome	Data
Indirizzo web	
Username/login	
Password	PIN
Domande di sicurezza/note	

Nome	Data
Indirizzo web	
Username/login	
Password	PIN
Domande di sicurezza/note	

Nome	Data
Indirizzo web	
Username/login	
Password	PIN
Domande di sicurezza/note	

Nome	Data
Indirizzo web	
Username/login	
Password	PIN
Domande di sicurezza/note	

Nome	Data
Indirizzo web	
Username/login	
Password	PIN
Domande di sicurezza/note	

Nome	Data
Indirizzo web	
Username/login	
Password	PIN
Domande di sicurezza/note	

Nome	Data
Indirizzo web	
Username/login	
Password	PIN
Domande di sicurezza/note	

Nome	Data
Indirizzo web	
Username/login	
Password	PIN
Domande di sicurezza/note	

Nome	Data
Indirizzo web	
Username/login	
Password	PIN
Domande di sicurezza/note	

Nome	Data
Indirizzo web	
Username/login	
Password	PIN
Domande di sicurezza/note	

Nome	Data
Indirizzo web	
Username/login	
Password	PIN
Domande di sicurezza/note	

X

Nome	Data
Indirizzo web	
Username/login	
Password	PIN
Domande di sicurezza/note	

Nome	Data
Indirizzo web	
Username/login	
Password	PIN
Domande di sicurezza/note	

Nome	Data
Indirizzo web	
Username/login	
Password	PIN
Domande di sicurezza/note	

Nome	Data
Indirizzo web	
Username/login	
Password	PIN
Domande di sicurezza/note	

Nome	Data
Indirizzo web	
Username/login	
Password	PIN
Domande di sicurezza/note	

Nome	Data
Indirizzo web	
Username/login	
Password	PIN
Domande di sicurezza/note	

Y

Nome	Data
Indirizzo web	
Username/login	
Password	PIN
Domande di sicurezza/note	

Nome	Data
Indirizzo web	
Username/login	
Password	PIN
Domande di sicurezza/note	

Nome	Data
Indirizzo web	
Username/login	
Password	PIN
Domande di sicurezza/note	

Nome	Data
Indirizzo web	
Username/login	
Password	PIN
Domande di sicurezza/note	

Nome	Data
Indirizzo web	
Username/login	
Password	PIN
Domande di sicurezza/note	

Nome	Data
Indirizzo web	
Username/login	
Password	PIN
Domande di sicurezza/note	

Y

Nome	Data
Indirizzo web	
Username/login	
Password	PIN
Domande di sicurezza/note	

Nome	Data
Indirizzo web	
Username/login	
Password	PIN
Domande di sicurezza/note	

Nome	Data
Indirizzo web	
Username/login	
Password	PIN
Domande di sicurezza/note	

Nome	Data
Indirizzo web	
Username/login	
Password	PIN
Domande di sicurezza/note	

Nome	Data
Indirizzo web	
Username/login	
Password	PIN
Domande di sicurezza/note	

Nome	Data
Indirizzo web	
Username/login	
Password	PIN
Domande di sicurezza/note	

Nome	Data
Indirizzo web	
Username/login	
Password	PIN
Domande di sicurezza/note	

Nome	Data
Indirizzo web	
Username/login	
Password	PIN
Domande di sicurezza/note	

Nome	Data
Indirizzo web	
Username/login	
Password	PIN
Domande di sicurezza/note	

Z

Nome	Data
Indirizzo web	
Username/login	
Password	PIN
Domande di sicurezza/note	

Nome	Data
Indirizzo web	
Username/login	
Password	PIN
Domande di sicurezza/note	

Nome	Data
Indirizzo web	
Username/login	
Password	PIN
Domande di sicurezza/note	

Agende pratiche ti porta
una varietà di diari indispensabili
e agende – incluse agende per
le password con lo stesso interno
come questa, ma con diversi
disegni di copertina.

Per scoprire di più,
visita www.lusciousbooks.co.uk/it

www.ingramcontent.com/pod-product-compliance
Lightning Source LLC
LaVergne TN
LVHW011713230826
846091LV00015BA/4143